BEI GRIN MACHT SICH IHR WISSEN BEZAHLT

Max Korbmacher

Zum Paradox der Modernisierung nach van der Loo und van Reijen und der Rolle der Individualisierung

GRIN Verlag

Bibliografische Information der Deutschen Nationalbibliothek:

Die Deutsche Bibliothek verzeichnet diese Publikation in der Deutschen National-
bibliografie; detaillierte bibliografische Daten sind im Internet über http://dnb.d-
nb.de/ abrufbar.

Impressum:

Copyright © 2014 GRIN Verlag GmbH
Druck und Bindung: Books on Demand GmbH, Norderstedt Germany
ISBN: 978-3-656-91844-8

Dieses Buch bei GRIN:

http://www.grin.com/de/e-book/294151/zum-paradox-der-modernisierung-nach-
van-der-loo-und-van-reijen-und-der

GRIN - Your knowledge has value

Der GRIN Verlag publiziert seit 1998 wissenschaftliche Arbeiten von Studenten, Hochschullehrern und anderen Akademikern als eBook und gedrucktes Buch. Die Verlagswebsite www.grin.com ist die ideale Plattform zur Veröffentlichung von Hausarbeiten, Abschlussarbeiten, wissenschaftlichen Aufsätzen, Dissertationen und Fachbüchern.

Besuchen Sie uns im Internet:

http://www.grin.com/

http://www.facebook.com/grincom

http://www.twitter.com/grin_com

Max Korbmacher
Universität Bremen

30.07.2014

Fachbereich 8 - Soziologie
Sommersemester 2014

Theoretischer Essay zur Modernisierung

Hausarbeit zur Vorlesung: „Theorie und Empirie Sozialstrukturellen Wandels "

Gliederung

1. Einleitung

Modernisierung ist ein Teil der gesellschaftlichen und darüber hinausgehenden Entwicklung in der Geschichte der Menschheit. Somit hat sie Auswirkungen auf beinahe alle Lebensbereiche der Akteure einer Gesellschaft und ist entsprechend auch Teil verschiedener Debatten der „Sozial- und Geisteswissenschaften" (van der Loo, van Reijen 1992: 4), jedoch auch der Psychologie, als ein Zusammenspiel aus Geistes- und Naturwissenschaft.

Da sich in dieser Ausarbeitung jedoch auf die Modernisierung aus soziologischer Sicht konzentriert werden soll, wird erst einmal der Begriff Modernisierung anhand einer Definition der beiden Soziologen van der Loo und van Reijen (mit deren Werk „Modernisierung" in diesem Essay gearbeitet wird) verdeutlicht:

„Modernisierung verweist auf einen Komplex miteinander zusammenhängender struktureller, kultureller, psychischer und physischer Veränderungen, der sich in den vergangenen Jahrhunderten herauskristallisiert und damit die Welt, in der wir augenblicklich leben, geformt hat und noch immer in eine bestimmte Richtung lenkt" *(van der Loo, van Reijen 1992: 11).*

Weiterhin wird ausgeführt, dass in einer modernen Gesellschaft „für einen Markt produziert" (van der Loo, van Reijen 1992: 11) wird. Industrielle Komplexe der Massenproduktion wachsen im Zuge der Modernisierung, womit jedoch eine Individualisierung nicht zwangsläufig gehemmt, oder gestoppt wird (van der Loo, van Reijen 1992: 12). Denn durch Modernisierung kommt es zu einer „fortschreitende Rationalisierung unseres Denkens und Handelns" (ebd.), einer Abnahme von sozialen Unterschieden, Aberglaube und Religion, sowie einer wachsenden Demokratisierung und Individualisierung (ebd.).

Das Augenmerk der modernen Gesellschaft sollte auf Wissenschaft und Technik gerichtet werden (van der Loo, van Reijen 1992: 11), was meiner Meinung jedoch nicht einmal in den technisch am weitesten entwickelten Staaten in einem Umfang getan wird, der der Macht solcher und ihrer Unternehmer entspricht.

Des Weiteren wird ein politischer Machtkampf „von mehreren [...] Partein geführt" (ebd.) und die Urbanisierung schreitet voran (van der Loo, van Reijen 1992: 11,12).

In dem folgenden Essay soll kurz die Modernisierungstheorie von van der Loo und van Reijen und spezieller ihre Handlungsfelder und dessen Paradoxe, sowie im zweiten Teil der Ausarbeitung eine Diskussion zur Entwicklung einer Dimension der Modernisierung, nämlich der der Person (also der Individualisierung) folgen.

2. Modernisierung und dessen Paradoxe nach van der Loo und van Reijen

Bei der Darstellung der Handlungsfelder der Modernisierung im Allgemeinen Handlungsschema (Abb. 1) wird auf die 4 Ebenen Struktur, Person, Kultur und Natur verwiesen (van der Loo, van Reijen 1992: 29).

Abb. 1

Allgemeines Handlungsschema

Schema 1: Allgemeines Handlungsschema

Quelle: van der Loo, van Reijen 1992: 29

Es wird von einer Struktur, bzw. Ordnung(en) in den Interaktionen der gesellschaftlichen Akteure ausgegangen (ebd.). Diese wird beispielsweise von Coleman in seinem Mehrebenenmodell als makrosoziologische Ebene bezeichnet (Huinink 2008: 35). Das in seinen Handlungen eingeschränkte Individuum befindet sich bei Coleman auf der mikrosoziologischen Ebene wieder, auf welcher es durch Handlungen und deren Folgen auf die Makroebene Einfluss nimmt und so auch eine Verbindung zum „Persönlichkeitsaspekt" (van der Loo, van Reijen 1992: 29) in der Gesellschaft im Wandel der Modernisierung gegeben ist (Huinink 2008: 35).

Die gesellschaftliche Realität kann beschrieben werden als Bedeutungssystem, als „eine Wirklichkeit von Auffassungen, Ideen, Symbolen, Werten, Normen und Bedeutungen" (van der Loo, van Reijen 1992: 29). Durch diese kulturelle Wirklichkeit werden Handlungen maßgeblich gelenkt, oder erhalten erst einen Sinn, womit hier auch die Wichtigkeit der Kultur verdeutlicht wird (ebd.).

Auch die Natur ist eine nicht zu vernachlässigende Dimension, die zwar vom modernen Menschen weitestgehend angepasst wurde und wird, jedoch trotzdem für

Abhängigkeiten sorgt und nur bis zu einem bestimmten Punkt als berechenbar erscheint (van der Loo, van Reijen 1992: 29, 30).

Wie bei Colemans Mehrebenenmodell ein Zusammenhang zwischen Individuum und Gesellschaft hergestellt wird, soll auch hier ein Zusammenhang der einzelnen Dimensionen der Modernisierung in der Gesellschaft durch das Handlungsschema der Modernisierung (Abb. 2) dargestellt werden. Wobei auch hier allgemein die Handlung, wie bei Max Weber (dort nur etwas differenzierter), im Mittelpunkt steht (Abels 2002: 129-130).

Abb. 2

Handlungsschema der Modernisierung

Schema 2: Handlungsschema der Modernisierung

Quelle: van der Loo, van Reijen 1992: 30

In den einzelnen Handlungsfeldern der Modernisierung (Struktur, Person, Kultur, Natur) laufen unterschiedliche Modernisierungsprozesse (Differenzierung, Individualisierung, Rationalisierung, Domestizierung) ab, die sich gegenseitig bedingen und kombiniert werden können (van der Loo, van Reijen 1992: 30). Durch die unterschiedliche historische Entwicklung von Gesellschaft und Individuum in der Moderne hat sich ein Raster von Paradoxien gebildet (van der Loo, van Reijen 1992: 34). Diese beziehen sich jeweils auf die einzelnen Dimensionen der Modernisierung und können durch ihre Entwicklung Einfluss auf die heutige gesellschaftliche Ordnung haben (ebd.).

Abb. 3

Paradoxe der Modernisierung

Struktur	Kultur
Maßstabverkleinerung	Pluralisierung
DIFFERENZIERUNG	RATIONALISIERUNG
Maßstabvergrößerung	Generalisierung
Verselbständigung	Dekonditionierung
INDIVIDUALISIERUNG	DOMESTIZIERUNG
Abhängig-Werden	Konditionierung
Person	Natur

Quelle: van der Loo, van Reijen 1992: 40

In Abbildung 3 wird der Zusammenhang zwischen den einzelnen Dimensionen der Modernisierung (außen stehend) und ihren Prozessen (in Großbuchstaben) beschrieben, sowie den sich gegenüberstehenden gegenteiligen Phänomenen (über und unter den jeweiligen Modernisierungsprozessen), welche die Paradoxe zu den zugehörigen Handlungsfeldern darstellen.
Nun zu einer kurzen Erklärung der Modernisierungsprozesse und ihrer Paradoxe (vgl. Abb. 2 und Abb. 3).

Bei der Differenzierung wird etwas ursprünglich Ganzes „in Teile mit eigenem Charakter und eigener Zusammensetzung" geteilt (van der Loo, van Reijen 1992: 31). Diese neuen Teile spezialisieren sich funktional, entwickeln eine gewisse Eigendynamik in „Aktivitäten und Funktionen und bilden auf sie hin orientierte Institutionen und Organisationen" (ebd.).
Dabei besteht die Annahme von einem sozialstrukturellen Prozess, der eine Aufspaltung der gesellschaftlichen Einheiten und somit eine Maßstabsverkleinerung solcher Einheiten beinhaltet (van der Loo, van Reijen 1992: 35). Dagegen wird durch eine stärkere Spezialisierung und Arbeitsteilung (bspw. auf dem Arbeitsmarkt)

die Zusammenarbeit eher gefördert (ebd.). Es kommt also paradoxerweise auch zu einer Maßstabsvergrößerung (ebd.).

Bei der Individualisierung wird von einer wachsenden Wichtigkeit des, sich aus der Kollektivität herauslösenden, Akteurs in der Gesellschaft ausgegangen (van der Loo, van Reijen 1992: 32). Durch die Zugehörigkeit zu mehreren, oft räumlich getrennten Gruppen, oder „Einheiten" (ebd.) wird der Loyalitätsanspruch dieser an den Akteur gesenkt. Dadurch erlangt der Akteur ein bestimmtes Maß an persönlicher Unabhängigkeit (ebd.). Diese Unabhängigkeit bedeutet auch Handlungsfreiheit und Selbstständigkeit (besonders im Privaten), welche sich in der Gestaltung sozialer Beziehungen äußert und ein Freiheitsgefühl auslösen kann (van der Loo, van Reijen 1992: 38). Die Wahrung der eigenen Identität wird hingegen immer schwerer, womit das angesprochene Freiheitsgefühl, als auch Gefühle der Machtlosigkeit und Ohnmacht gegenüber dem Geschehen und der Abhängigkeit von komplexen sozialen Einheiten auftreten können und somit das zweite Paradoxon (Freisetzung und Selbstständigkeit gegenüber Reintegration und Abhängigkeit) bilden (ebd.).

Van der Loo und van Reijen sprechen davon, dass bei der Rationalisierung die Realität geordnet, systematisiert und teilweise objektiviert wird, um zukunftsgerichtet Denken und Handeln zu können (van der Loo, van Reijen 1992: 31). Das Leben und die es beherrschenden Handlungen werden somit berechneter, begründeter und beherrschter. Das Hauptaugenmerk liegt auf einer größtmöglichen Effizienz und Effektivität, um die Lebenswelt möglichst kontrollierbar und einfach zu halten (ebd.). Durch die Differenzierung werden gesellschaftliche Systeme in „zahllose, selbstständige soziale Einheiten, Sektoren und Organisationen" (van der Loo, van Reijen 1992: 36) aufgeteilt und es werden eigene Werte- und Normenkomplexe erschaffen, die für Rationalität und eine entsprechende Effizienz in der Zielverfolgung sorgen sollen (ebd.). Dies kann zu einer Pluralisierung des Individuums führen, wodurch es mit den Absichten einer Gruppe, eines Milieus oder einer Gesellschaftsschicht handeln kann, oder zumindest in seinen Handlungen eingeschränkt wird. Dagegen steht die Generalisierung, welche durch eine Vermischung von Normen, Werten und getrennten kulturellen Systemen und später durch eine Relativierung von deren Bedeutungen kenntlich wird (ebd.). Ein Beispiel wäre die Amerikanisierung der deutschen Konsumkultur, die sich durch die Manifestation von unzähligen Marken in den Supermärkten zeigt.

Somit geht mit der Pluralisierung, durch eine (vielseitige) gesellschaftliche Teilnahme, auch eine Generalisierung, durch die Konsumkultur, einher (ebd.).

Domestizierung erfasst, in wie weit sich der Mensch seiner ursprünglichen und natürlichen Lebenswelt und dadurch entstehenden Limitationen entziehen konnte (van der Loo, van Reijen 1992: 32). Dies geschieht durch eine „enorme Beherrschung biologischer und natürlicher Prozesse" (ebd.), was jedoch eher zu einer höheren Abhängigkeit von den Mitteln führt, durch welche die genannten Prozesse gesteuert werden (ebd.). Dadurch kann die Lebensqualität gesteigert, als auch vermindert werden, u.a. dadurch, dass in der Entwicklung der Domestizierung von Naturverbundenheit in eine Distanz zur Natur übergegangen werden kann. Der Mensch vereinfacht sich also das Leben durch eine Anpassung der Natur durch eine technische Infrastruktur, jedoch wird er abhängiger von einer solchen, also auch von anderen Menschen (van der Loo, van Reijen 1992: 40). Dementsprechend kann man von zwar von einer „physische[n] Dekonditionierung" (ebd.) und gleichzeitig von einer „soziale[n] und psychische[n] Konditionierung" (ebd.) der Menschen mit der Auswirkung einer möglichen Abnahme, als auch Steigerung der Lebensqualität und dem Austausch der Beherrschung der Menschen durch die Natur gegen die Beherrschung der Menschen durch Menschen (also Beherrschung durch Menschen wird zugelassen, um die Natur zu beherrschen) sprechen, womit das letzte Paradoxon genannt wurde.

Es lässt sich erkennen, dass van der Loo und van Reijen hier gegensätzliche Phänomene postulierten, welche jedoch z.T. sogar gleichzeitig auftreten und deshalb genannte Paradoxien bilden. Dabei ist diese Theorie eine, die sich verhältnismäßig weniger abstrakt mit der aktuellen Gesellschaft beschäftigt und den auf sie einwirkenden Prozess der Modernisierung beschreibt. Trotzdem kann sie kein komplett differenziertes Bild der Modernisierung abgeben, dafür jedoch allgemeine Anwendung finden.

3. Individualisierung in der zweiten Phase der Modernisierung

Wird sich mit dem sozialem Wandel beschäftigt und besonders mit dem Individuum in der Modernisierung, so stößt man unweigerlich auf den von mehreren Wissenschaftlern, jedoch maßgeblich von Ulrich Beck geprägten Begriff der Individualisierung. Nichtsdestotrotz bezeichnet Beck z.b. Karl Marx „als eine[n] der entscheidendsten Individualisierungstheoretiker" (Beck 1986: 132).

In dem Aufsatz „Jenseits von Klasse und Schicht" nähert sich Beck der Individualisierung über den Ansatz der Ungleichheit. Es wird beschrieben, dass die Ungleichheit in Deutschland im Laufe der Modernisierung zwar nicht abnahm, jedoch der allgemeine Lebensstandard in der Gesellschaft gehoben wurde (Beck 1986: 123). Dieses gesamtgesellschaftliche Mehr an ökonomischen Kapital (Coleman 1988: 98), auch „Fahrstuhleffekt" genannt, führte zu einem „Individualisierungsschub" (Beck 1986: 123), welcher für die einzelnen Akteure bedeutet, dass freier über den persönlichen Lebenslauf entschieden werden kann (ebd.). Bei van der Loo und van Reijen wird von einer Unabhängigkeit im Sozialgefühl durch Loyalitätserwartungen (Senkung der Loyalitätserwartungen an den Akteur durch dessen Teilhabe an mehreren sozialen Einheiten) als Auslöser eines solchen Freiheitsgefühls gesprochen (van der Loo, van Reijen 1992: 32). Beide Ansätze liefern eine Grundidee für den Anstoß der Individualisierung in der zweiten Phase der Modernisierung, also seit Mitte der zweiten Hälfte des 20. Jahrhunderts, jedoch werden nicht alle Einflussfaktoren betrachtet, auch wenn Beck noch weitere nennt, wie die Bildungsexpansion, soziale Mobilität und ein Mehr an arbeitsfreier Zeit (Beck 1986: 130). Deshalb nähert sich Beck dem Begriff der Individualisierung außerdem von einer dimensionsanalytischen Seite. In Anlehnung an die Arbeiten von Max Weber und Karl Marx stellte Beck drei Dimensionen auf.

Die Freisetzungsdimension bedeutet das Herauslösen „aus historisch vorgegebenen Sozialformen und -bindungen im Sinne traditioneller Herrschafts- und Versorgungszusammenhänge" (Beck 1986: 206). Dementsprechend sollte diese Dimension zu einer größeren individuellen Autonomie und einer modernen Identität, schlussfolgernd jedoch auch zu einem Verlust von Traditionen, oder traditionellen Werten führen (ebd.). Ein Beispiel wäre die Entwicklung hin zu „ außerfamiliäre[n] Lebensformen" (Beck 1986: 209).

Die Dimension der Entzauberung führt zu einem Abwenden von früheren Normen, Werten und Glaubenseinstellungen, womit eine rationalere Lebensführung gegeben ist, gleichzeitig jedoch auch der Sinn des Ganzen in Frage gestellt werden kann (Beck 1986: 206).

Die dritte und letzte, von Beck genannte Dimension, ist die der Reintegration, die sich auf „eine neue Art der sozialen Einbindung" (ebd.) bezieht und somit im Widerspruch zu den vorherigen Dimensionen steht. Andererseits beugt diese Dimension dem Verfall der Gesellschaft vor. Denn durch sie können neue Prinzipien der sozialen und instrumentellen Ordnung institutionalisiert werden. Mit der Individualisierung geht auch eine „Vereinheitlichung und Standardisierung der Existenzformen" (Beck 1986: 213) einher, das Rechtssystem rückt in einen bestimmten Fokus der gesellschaftlichen Wichtigkeit und der freie Markt wird gefördert, was zu neuen Abhängigkeiten und Entscheidungsprozessen führt (ebd.).

Beinahe alle Theoretiker stimmen in dem Punkt überein, dass die Individualisierung zu Freisetzung und Verselbstständigung des Akteurs führt, oder eben zur Herausbildung dessen Abhängigkeit, jedoch beleuchten wenige (wie van der Loo und van Reijen) angesprochene Paradoxe.

Eine Vielzahl von konträren Phänomenen treten auf und wirken auf das Individuum ein. Dadurch scheint wiederum zum einen eine Vielfalt in den Entwicklungsmöglichkeiten der Person in der Modernisierung gegeben zu sein, andererseits fehlen dem Individuum möglicherweise (bspw. traditionelle) Vorgaben und es wird schwieriger die eigene Individualität aufrecht zu erhalten, weshalb die Individualisierung in der Soziologie ein kontroverser Begriff bleibt.

4. Fazit

Nach dem Besuch mehrerer Vorlesungen und der Beschäftigung mit der Literatur mehrerer Autoren zum Thema Modernisierung ist mein Bild einer solchen zwar differenzierter geworden, jedoch ist das Themenfeld ein sehr komplexes und nur schwer beschreibbar. Deshalb ist es wichtig an dieser Stelle zu bemerken, dass der Rahmen dieser Arbeit zwar bereits gesprengt wurde, trotzdem jedoch gerade einmal die Modernisierungstheorie von van der Loo und van Reijen und die Individualisierungstheorie von Beck skizziert, jedoch unzählige weitere Erkenntnisse von Wissenschaftlern, die sich mit dem Thema beschäftigen außen vor lässt.

Bei der Betrachtung der Theorien fällt auf, dass immer wieder der Gesamtzusammenhang von den gewählten Dimensionen oder Prozessen der Modernisierung Bedeutung hat und solche Interdependenzen das Thema noch einmal verkomplizieren, da bei systematischer Herangehensweise solche Dimensionen weitere Unterdimensionen haben, die mit den Unterdimensionen anderer Dimensionen der Moderne zusammenhängen und somit eine tiefere Analyse erschweren.

Das Thema scheint wie geschaffen für eine fachbergreifende Kontroverse, da in der Modernisierung immer wieder paradoxe, zum Teil zeitgleich und/oder sich bedingende Phänomene auftreten können.

11

5. Literaturverzeichnis

Journal Artikel

Coleman, James Samuel. 1988. Social Capital in the Creation of Human Capital. *American Journal of Sociology* 94: 95-120.

Mehrbändige Werke

Abels, Heinz. 2002. *Einführung in die Soziologie 2. Die Individuen in ihrer Gesellschaft*. Wiesbaden: Westdeutscher Verlag.

Monografien und Sammelwerke

Beck, Ulrich. 1986. *Risikogesellschaft. Auf dem Weg in eine andere Moderne*. Frankfurt am Main: Suhrkamp.

Huinink, Johannes; Schröder, Torsten. 2008. *Sozialstruktur Deutschlands*. Konstanz: UVK Verlagsgesellschaft.

Van der Loo, Hans; van Reijen, Wilhelm. 1997. *Modernisierung. Projekt und Paradox*. München: Deutscher Taschenbuch Verlag.